Manufactured by Amazon.ca
Bolton, ON

15443598R00068